AF454895

# NOTICE BIOGRAPHIQUE

DE

# JEAN CHARLES GESLIN

ARCHITECTE, PEINTRE ET ARCHÉOLOGUE,
ANCIEN INSPECTEUR DU MUSÉE DU LOUVRE
AU DÉPARTEMENT DES ANTIQUES,

PAR

ÉMILE CLAIRIN,

Avocat à la Cour d'Appel,
Juge de paix suppléant du XIXe arrondissement de Paris.

VITRY-LE-FRANÇOIS
Typographie PESSEZ et C[e], rue Dominé de Verzet, 13.

1887

# NOTICE BIOGRAPHIQUE

DE

# JEAN CHARLES GESLIN

ARCHITECTE, PEINTRE ET ARCHÉOLOGUE,
ANCIEN INSPECTEUR DU MUSÉE DU LOUVRE
AU DÉPARTEMENT DES ANTIQUES,



PAR

ÉMILE CLAIRIN,

Avocat à la Cour d'Appel.
Juge de paix suppléant du XIXe arrondissement de Paris.

VITRY-LE-FRANÇOIS
Typographie PESSEZ et Cie, rue Dominé de Verzet, 13.

1887

AUX AMIS, AUX ÉLÈVES

DE

## JEAN CHARLES GESLIN.

## A Mademoiselle Corinne GESLIN.

---

C'est à vous surtout que je devrais dédier ces quelques pages, à vous qui pendant toute sa vie avez soutenu notre ami par votre affection sans bornes et votre dévouement à toute épreuve.

Les existences comme celle de Geslin sont une consolation et un encouragement. Il est bon de les faire connaître.

Si imparfait que soit ce petit travail, peut-être atteindra-t-il ce but. En tous cas, vous-même, veuillez le considérer comme un hommage rendu à la mémoire de celui que vous pleurez.

E. C.

Dans un des manuscrits inédits laissés par Jean Charles GESLIN, intitulé : *Pierres ovoïdes Assyriennes du British museum comparées au caillou de Michaux*, nous trouvons la pensée suivante :

« L'artiste recherche avec une ardeur égale et la
« vérité de temps et de lieu, et la vérité de type et
« d'expression. Ainsi des notions exactes et certaines
« sur tout ce qui a rapport au costume, à la parure, à
« l'ameublement, à la locomotion, à l'exercice des pro-
« fessions, à la marine et à la guerre, ne lui sont pas
« moins indispensables que la connaissance de tout ce
« qui tient aux mœurs, aux coutumes, aux usages, aux
« croyances et aux passions... La vérité sur toutes ces
« choses et sur la plupart de celles qui regardent
« l'architecture, art positif (si l'on peut employer cette
« expression) qui motive et utilise les produits de la
« sculpture et de la peinture, il la demandera à la
« science de l'archéologie. »

Cette phrase eût pu servir d'épigraphe à l'histoire de la vie de notre ami. Les souvenirs de ceux qui l'ont suivi de près, depuis son enfance, aussi loin qu'ils puissent remonter, le prouvent, et nous avons tenu à les consigner ici : faible hommage rendu à un artiste de grand mérite, à un savant distingué, à un homme de bien, resté volontairement inconnu.

Jean-Charles Geslin, né le 13 mars 1814, est entré à l'école des beaux-arts en 1830 à quinze ans et demi. Il y fut reçu la même année en architecture, en mathématiques, en construction et en coupe de pierres. Il eût préféré s'adonner de suite à la peinture : mais ses parents, sur les conseils de M. le baron Gros et de M. Mauzaise, résistèrent à ses désirs. Ils le firent entrer dans l'atelier de M. Callet, architecte, où il eut pour ami et camarade M. Ohnet. Son précoce talent y fut apprécié dès l'abord.

M. Bartaumieux, architecte fort intelligent et fort bon administrateur, fut chargé en 1830 de la réfection du célèbre restaurant Desnoyers, très en faveur à la Courtille en ce temps-là. Il demanda à M. Callet de lui indiquer un de ses élèves pour l'aider dans la partie artistique de ce travail. Geslin, désigné, fit un projet fort beau, immédiatement accepté par le client. Mais tous les concurrents de M. Desnoyers dans le quartier se piquèrent d'honneur et voulurent avoir aussi une façade luxueuse. Tel fut le point de départ de la fortune de M. Bartaumieux. Geslin consentit à rester auprès de lui, pour organiser ses travaux et installer son atelier où il fit entrer quelques-uns de ses camarades d'école. La somme de travail qu'il fournit à cette époque est surprenante. Il travaillait pour son patron, puisque c'était son devoir, mais sans négliger ses chères études, qu'il continuait dans ses moindres loisirs : C'est alors qu'il fit une jolie série d'aquarelles et de dessins détaillant les beautés de la cathédrale de Chartres et que nous avons retrouvés dans ses cartons. M. Bartaumieux comprenant tout l'avantage qu'il y avait pour lui de s'assurer le concours d'un pareil auxiliaire, lui offrit une association, ne lui demandant d'autre apport que son talent. Geslin, quoiqu'il fût sans fortune, refusa et profita même de cette occasion pour annoncer à son patron son intention de le quitter pour se consacrer entièrement à l'art : il suivit pendant deux années encore les cours d'architecture de l'Ecole, puis, du consentement arraché enfin à ses parents, il commença la peinture.

Il eut pour premiers maîtres dans cet enseignement, MM. Court et Mauzaise et quand il fut reçu à l'école, il entra dans l'atelier de M. Picot, où il remporta peu de temps après la médaille d'or et où il eut pour camarades MM. Cabanel, Couture, Pills, Lenepveu, etc.

Mais, malgré ces nombreux travaux, Geslin avait commencé dès lors à consacrer ses loisirs à l'archéologie, et, nous pouvons bien le dire, s'il s'était laissé distraire de son but par les travaux de M. Bartaumieux ce fut dans la pensée de jeter, avec l'argent gagné, les premières bases de sa collection de médailles et d'antiquités ; cette curiosité de tout ce qui touche au passé lui fit découvrir parmi les décombres, dans la cour de l'Ecole une mosaïque offerte à un prévost de Paris M. de Ganay. Il obtint du Directeur qu'elle fût mise en chantier pour qu'il pût la dessiner dans les intervalles des concours.

Ce travail de bénédictin attira sur lui l'attention de M. Delaroche qui exécutait alors son hémicycle et qui admit peu après Geslin parmi ses élèves. Notre ami devait retrouver en Italie, quelques années plus tard, cet excellent maître devenu directeur de la Villa Médicis, à Rome.

Dès ce moment, Geslin avait trouvé la voie où la nature de son talent et ses principes sur l'art devaient le pousser pour ainsi dire fatalement en l'obligeant à y consacrer la très grande diversité de ses connaissances : Nous voulons parler de la peinture d'architecture. Le premier tableau important qu'il exécuta en ce genre fut celui de l'abside de Saint-Denis, auquel il travailla tout en aidant l'architecte, M. Debray, à la restauration de la cathédrale : et, détail curieux, les chanoines du chapitre prirent « l'artiste » — comme ils l'appelaient — en telle amitié qu'ils consentirent à poser dans leurs habits sacerdotaux pour lui faire honneur. Ce tableau, exposé au salon de 1837, attira fort l'attention du public, des artistes et en particulier de M. Achile Leclerc qui conseilla à Geslin d'aller en Italie pour y poursuivre ses études.

Les trois années qu'il passa dans ce pays le mirent en effet en complète possession de son talent. A Rome, tout en s'occupant de sculpture avec MM. Lequesne et Diébolt, ce qui lui permit d'exécuter plus tard un certain nombre de travaux en ce genre, il étudia de près l'architecture et l'archéologie romaines.

Il envoya au Salon de 1845 une vue du Forum Romain qui lui valut une médaille d'or de troisième classe. Mais, pour pénétrer davantage les mystères de l'art ancien, il alla à Pompéï où il resta neuf mois, et il poussa même jusqu'à Pœstum où il eut l'imprudence de travailler pendant dix-sept jours de suite. Il donna là un exemple de la ténacité passionnée qu'il apportait dans le travail.

Pœstum, en effet, était un des points les plus riches de la Lucanie, et un des centres les plus brillants de la civilisation Romaine ; il en reste encore de magnifiques ruines ; mais, par suite des infiltrations de la mer, ces plaines autrefois fertiles ne forment plus qu'un vaste marécage où les fièvres règnent en permanence. Les voyageurs s'y aventurent rarement ; et les plus audacieux y séjournent à peine quelques heures. Il s'en suivait, en 1844, que ces ruines étaient peu connues. Geslin, séduit par leur majestueuse beauté, résolut d'en prendre un certain nombre de vues.

Sur les indications d'un guide, il se rendit à Capaccio, bourg situé à quelques kilomètres de Pœstum et il demanda asile dans un couvent. Les moines, après bien des hésitations (ils le prenaient pour un Anglais et le croyaient hérétique) l'accueillirent enfin et firent tout ce qui était en leur pouvoir pour le détourner de son entreprise. Notre ami nous a souvent raconté qu'il quittait le couvent dès la première heure et descendait aux ruines ; il comparaît la contrée à un puits pestilentiel ; parvenu à un certain point de la côte, il se sentait saisi par un mal de tête violent et une torpeur invincible qu'il n'eût pu secouer sans l'aide d'enfants du pays qu'il emmenait et payait pour l'empêcher de dormir ; car à Pœstum la sieste est mortelle. Quand il remontait le soir au couvent, il laissait le malaise à la même altitude, pour ainsi dire, où il l'avait pris le matin. Il fut récompensé : Il découvrit un reste de peinture antique, inédite encore, qui a paru dans la revue artistique de MM. le baron Witte et François Lenormand, et il rapporta une suite de dessins et de croquis remarquables dont quelques-uns devinrent plus tard des sujets de tableaux, l'un, entre autres, de grande dimension qu'il donna en 1856 au Préfet de la Seine pour être vendu au profit des inondés de la Loire et représentant l'ensemble des Temples de Pœstum. Nous ignorons où se trouve aujourd'hui cette peinture ; un autre représentant le grand temple de Neptune a été acquis par M. Millescamps, et nous possédons encore quelques esquisses de ces monuments à peu près terminées.

Mais de telles débauches de travail se payent toujours, surtout quand elles sont exécutées dans des conditions hygiéniques si déplorables. De retour à Pompéï, Geslin fut pris des fièvres paludéennes : pendant deux mois on le crut perdu ; aussitôt sa convalescence commencée, le médecin l'obligea à rentrer en France. Mais pendant les trois années suivantes il fut sujet à des accès qui mirent quelquefois sa vie en danger.

Plus tard il ne comptait pour rien ces heures de cruelle maladie, en songeant à la riche moisson d'aquarelles et d'études peintes qu'il avait rapportées des principales villes d'Italie et surtout au perfectionnement qu'il avait acquis dans son art.

A cet époque, en effet, Geslin était considéré comme un des meilleurs peintres d'architecture et son tableau de la place de la Concorde, (vue prise de la terrasse des Tuileries), présenté au public en 1847, acheva sa réputation ; aussi en 1848 reçut-il du gouvernement mission de faire le tableau de la promulgation de la Constitution. Cette toile, exposée en 1849 dans une des salles du ministère de l'Intérieur, fut reléguée en province après le coup d'Etat. Nous croyons savoir qu'elle est actuellement à Beauvais.

Le tableau de la place de la Concorde valut également à Geslin l'amitié de M. Grignon, avec lequel il collabora pour un projet d'opéra, et de M. Varcollier alors secrétaire général de la Préfecture de la Seine. Ces Messieurs le présentèrent à M. de Rambuteau qui lui proposa de faire un ensemble des vues de Paris pour la décoration de la salle des fêtes de l'hôtel de ville. Ses projets étaient livrés et la commande signée quand éclata la Révolution de Février. Le traité se trouva ainsi rompu de fait. Ce fut une grosse déception pour notre ami qui ne put même arriver à se faire rendre ses études.

En revenant d'Italie, Geslin loua l'atelier de M. Jacquand qui faisait partie d'une maison appartenant à M. Herbette, professeur au Lycée Condorcet. C'est sur les conseils de ce dernier dont il appréciait les hautes qualités morales et la grande intelligence, qu'il fonda son cours de dessin préparatoire aux Ecoles du Gouvernement : Il eut bientôt beaucoup d'élèves dont quelques-uns portent un nom célèbre aujourd'hui : MM. de Lesseps, Herbette, Worms de Romilly, Daubrée, Pierre Chabrol, Legrand, Fould, etc.

En 1861 un de ses élèves en architecture M. Wilbord Chabrol remporta le prix.

Cependant le talent de notre ami subissait une certaine modification. Jusqu'à cette époque l'architecture et l'archéologie avaient concouru à rehausser ses qualités de peintre ; à partir de 1850 environ on sent dans ses œuvres une transformation. Le peintre et l'architecte deviennent en lui les vassaux fidèles de l'archéologue qui commence à les dominer.

Tandis que Geslin se met à étudier avec passion les langues orientales anciennes jusqu'au Chaldéen, par un phénomène naturel il s'adonne avec passion aux arts décoratifs où il fait des applications ingénieuses de ses études sur l'art chez les anciens. Ils sont innombrables les dessins qu'il produisit dès lors pour toutes les industries de luxe, depuis l'ébénisterie jusqu'aux faïences : il séjourna même quelque temps à Limoges chez M. Chabrol, qui y possédait une fabrique de porcelaines, et il y fit exécuter des modèles d'un goût rare.

Peu de temps après, il se laissa pousser par ses amis à entrer dans l'administration du mobilier de la Couronne où la nouvelle application de son talent devait arriver à son apogée : La décoration du Champ de Mars pour une fête donnée en l'honneur de l'empereur de Russie, l'ameublement des résidences du chef de l'Etat, l'ornementation des loges impériales aux Français, aux Italiens, à l'Opéra, à l'Opéra-Comique et au Gymnase, et bien d'autres encore, tels sont les travaux qui occupèrent Geslin de 1855 à 1859. On remarqua surtout la décoration provisoire de la salle des Etats qu'il dressa en quinze jours pour l'ouverture de la session législative, préparant lui-même les dessins en grandeur d'exécution à tous les ouvriers aussi bien aux brodeuses qu'aux ébénistes. Mais Geslin avait voulu rester indépendant : Ses amis MM. Lefuel et Chabrol insistèrent pour qu'il acceptât le titre d'architecte des ameublements et des fêtes, qui ne l'eût pas obligé à prêter serment et que M. Williamson, alors directeur du mobilier, semblait disposé à lui accorder. A peine Geslin eut-il accepté que le directeur changeant subitement d'intention, peut-être dans la crainte de voir son importance personnelle diminuer, demanda à réfléchir. Les réflexions de Geslin furent plus promptes : il donna immédiatement sa démission.

Il nous a laissé de cette époque un carton rempli de merveilleux dessins qu'il composa pour l'ameublement des Tuileries, et en particulier celui du tapis du grand salon exécuté en un an par la manufacture des Gobelins, sous sa direction, et brûlé en 1871 lors de l'incendie du Palais.

En 1863 lors de l'installation au Louvre de la collection Campana exposée précédemment au Palais de l'Industrie, M. de Longperrier, conservateur au département des antiques, qui connaissait depuis longtemps la valeur de Geslin, lui demanda de lui servir d'auxiliaire dans cette grosse entreprise. Notre ami hésita à accepter : d'un côté il était attiré par la grandeur même d'un travail si captivant pour lui ; d'un autre côté son esprit d'indépendance se révoltait contre les justes exigences d'un règlement administratif. Enfin il se laissa convaincre par MM. Lefuel et Chabrol et il entra au Louvre en qualité d'inspecteur au département des antiques, sous la condition expresse qu'il ne prêterait pas serment et qu'il ne relèverait uniquement que de M. de Longperrier son ami et de M. de Newerkerke, surintendant des Beaux-Arts. Dès lors il s'adonna tout entier à ses nouvelles occupations. C'est lui qui classa et installa tout le musée Campana, la salle de l'art chrétien, celle des Empereurs Romains et de la colonne trajane, etc. Ce sont là des œuvres de grande science qui auraient suffi, si leur auteur avait été plus bruyant, à établir sa réputation. Mais Geslin avait trop à faire pour s'occuper de lui-même. M. de Longperrier, éloigné du Louvre par une longue maladie, était fortement attaqué par une cabale ourdie contre lui : les absents ont toujours tort, mais non pour les hommes droits et justes, comme Geslin qui seul tint tête à l'orage, doublant ses heures de travail pour essayer de sauver son ami. Ce fut inutile. Un jour en arrivant au Louvre il trouva les scellés apposés sur le cabinet du conservateur : il ne lui resta plus qu'à donner sa démission, suivie de près par celle de M. de Longperrier.

C'est d'ailleurs pendant la période de son passage au Louvre que Geslin fit exécuter d'après ses dessins et sous sa direction les dix Thermes qui ornent le grand bassin du parc réservé de Saint-Cloud ainsi que les quatre grands vases en pierre que l'on y voit encore aujourd'hui. C'est alors également qu'il composa pour Madame Lyne Stephens la série de vases de grande dimension destinés à l'embellissement du parc et du château de Lynford en Angleterre.

Mais le travail le plus curieux qu'il nous ait laissé de cette époque de sa vie est une suite d'environ huit cents aquarelles et dessins représentant des pièces ou figurines toujours rares souvent curieuses, de l'art Romain, grec, chypriote, assyrien, etc., et qu'il put copier, grâce à sa position officielle, soit au Britisch muséum, soit au musée Campana, soit même dans certaines collections particulières. Pour Geslin, les heures de travail ont toujours été des heures de plaisir ; aussi conservait-il à ses œuvres passées comme un souvenir attendri ; mais il n'en appréciait aucune, autant que cette collection dont nous venons de parler. Et cela se comprend : elle est unique et il a déployé, pour la constituer, toutes les ressources de son talent.

Les évènements de 1870-1871 survinrent qui lui portèrent un coup trop douloureux : Geslin resta quelques années sans rien produire, se plongeant, comme pour oublier, dans les études les plus diverses, et quelques années après il ne reprit son crayon que par un délicat sentiment de patriotisme : les dessins et les autographies des monuments Egyptiens se faisaient en Allemagne, faute d'un artiste suffisamment instruit pour les établir en France : C'est de l'autre côté du Rhin qu'on imprimait les travaux de MM. Mariette Bey, le comte de Rougé, Maspero. Ce dernier, qui connaissait les études de Geslin sur l'égyptologie lui demanda de les délivrer, lui et ses collègues, de cette servitude et depuis lors toutes les autographies des textes et les dessins monumentaux sortirent de son atelier. De plus, en 1878, il exécuta deux grands tableaux représentant la vie privée et les Industries du haut Empire et destinés à la section d'histoire rétrospective de l'Exposition Universelle. Enfin, après la mort de M. Mariette Bey, il fut chargé des autographies de ses derniers manuscrits pour le compte du ministère de l'Instruction publique.

Ce fut là sa dernière grande œuvre. Geslin voulut

consacrer ses dernières années à classer ses nombreuses collections et en faire des catalogues. La mort est venue le surprendre au milieu de cette longue occupation, le sept août mil huit cent quatre-vingt-sept.

L'existence de notre ami, on le voit, a été remplie par un labeur incessant. Cette petite maison de la rue La Condamine, aux Batignolles, avec son jardin et son portique, tapissée de tableaux, de poteries, de gravures, de médailles, de curiosités de toutes sortes, en est une preuve évidente. Elle démontre mieux que toutes les paroles quelle a été la diversité des études de Geslin, et combien grandes furent sa ténacité et sa conscience dans le travail. Voilà pourquoi nous comptons la maintenir aussi longtemps que possible dans l'ordre même où notre ami l'a laissée. Pour ceux qui l'ont connu et par conséquent aimé, il leur sera doux de retrouver intact pendant quelque temps encore le cadre de sa vie. Quant aux autres visiteurs qui n'ont pu l'apprécier de son vivant, ils diront que cette retraite était digne d'un savant et d'un artiste doublé d'un homme juste et modeste.

Modeste ! oui, Geslin l'a été, comme on ne l'est plus guère de notre temps ; et nous étonnerons certainement un certain nombre de ses amis en racontant ici quelques anecdotes de sa vie. Ils les ignorent sans doute : nous-même nous ne les avons apprises qu'après sa mort.

Quand il était enfant, il avait à peine une dizaine d'années, c'était en 1823, Geslin suivait les cours de l'Institution Muret qui envoyait ses élèves au Lycée Condorcet : les fils de Talma, ses camarades, avaient mérité des prix. Quand vint le jour de la distribution, l'autorité supérieure fit savoir au maître de pension qu'il eût à ne pas amener ces deux jeunes gens à la cérémonie, « parce qu'on ne pouvait couronner les fils d'un tragédien ». M. Muret s'inclina sans mot dire. Geslin, lui, refusa de remettre les pieds dans une maison où l'on commettait des injustices. L'homme déjà se révélait dans l'enfant.

Plus tard, la première année qu'il fut admis à concourir pour le grand prix en architecture, il avait pour camarade le fils de M. Debray, architecte et membre de l'Institut. Ce jeune homme quelques jours après son entrée en loge tomba gravement malade. Dans sa fièvre il ne parlait que de son projet inachevé, suppliant son père de demander l'autorisation de le faire terminer par un autre. M. Debray soumit le cas à ses collègues de l'Institut qui, sans doute pour ne pas l'affliger, y acquiescèrent, mais en mettant à leur consentement une restriction qui risquait fort de l'annuler : les études préparées par le jeune malade devaient être « rendues » par un de ses camarades de la même année. De là, grande préoccupation pour M. Debray qui comprenait la difficulté de trouver un élève assez capable et assez dévoué pour remplir une tâche aussi ingrate. Son fils le tira d'embarras : « Va trouver Geslin, lui dit-il, je suis sûr qu'il ne me « refusera pas ce service ». Geslin en effet ne savait pas refuser quand il s'agissait de se sacrifier pour un ami ; il quitta immédiatement sa loge ; c'était une année perdue pour lui, et il entra dans celle de son camarade à qui il gagna le second prix. Sa récompense fut d'annoncer lui-même la bonne nouvelle au malade, avant sa mort, survenue le lendemain.

Ces deux traits dépeignent l'enfant et le jeune homme : à l'âge mûr, nous retrouvons encore Geslin identique à lui-même. Lorsqu'après la guerre M. Jules Simon devint pour la première fois ministre de l'Instruction publique, il le fit appeler et lui proposa de rentrer au Musée du Louvre. Si notre ami n'avait écouté que ses goûts, il eût accepté de suite ; mais il se souvenait de M. de Longperrier, injustement frappé avec lui quelques années auparavant, et qui avait même perdu les bénéfices de la retraite. Il n'hésita pas : « Je ne puis rentrer qu'avec M. de Longperrier, dit-il, pour que la réparation soit complète ». M. Jules Simon, pour des causes que nous n'avons pas à examiner ici, ne put consentir à réintégrer dans l'Administration l'ancien conservateur du Louvre : Et, Geslin à son tour refusa d'y rentrer.

Tel a été celui que nous avons aimé et dont nous pleurons la perte. Comme artiste et comme savant il a poursuivi, avec une âpre énergie, la réalisation de son idéal, peut-être trop éloigné de l'esprit humain : l'absolu dans le beau et dans le vrai ; comme homme il a atteint, sans y prendre garde, poussé par la noblesse de ses sentiments et la droiture de son cœur, cet autre idéal plus accessible à notre nature : l'absolu dans le bien.

Émile CLAIRIN.

VITRY, TYP. PESSEZ ET Cie.

www.ingramcontent.com/pod-product-compliance
Ingram Content Group UK Ltd.
Pitfield, Milton Keynes, MK11 3LW, UK
UKHW021048260726
13994UKWH00005B/2395

9 782329 367422